JN240130

好きからはじまる！

未来につながる「世界の賞」

②モノづくりに夢中なきみへ

著 「世界の賞」取材班

汐文社

はじめに

モノを作る、何かを描く、文をつづる、料理を作る、ゲームやアプリを作る……

あなたが夢中になって作っているモノは何ですか？

時間を忘れるほど、夢中になって作っているモノ。

それがあなたの、好きなことなのかもしれません。

こんなのがあったらいいな。

これを作ったらよろこぶだろうな。

みんなびっくりするだろうな。

この本には、そんな思いでモノづくりをして、

さまざまな「賞」を取った人がたくさん登場します。

「おもしろいな！」と感じたことがはじまりです。

おもしろいから、時間を忘れて夢中になってやってみる。

その先に、賞があります。

それが現在の仕事に結びついている人もいるのです。

今、夢中になれるモノを持っている人にも

まだ持っていない人にとっても

好きなことを生かすヒントがこの本にはあります。

失敗から学ぶこともたくさんあるよ。

弱点は強みになるよ。

そんなメッセージを受け取っていただけると幸いです。

「世界の賞」取材班

※本書に掲載されている情報は、2024年12月末現在のものです。最新の情報をご確認ください。なお、賞名は受賞当時の名称を紹介しています。

この本のみかた

この本では、テーマごとに受賞した人のインタビューを紹介しています。
またそのテーマの大会やコンテストなども紹介しています。

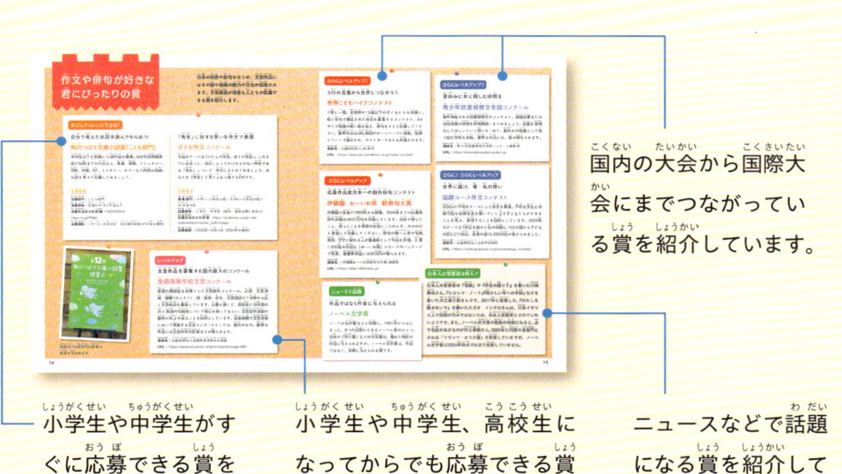

小学生や中学生がすぐに応募できる賞を紹介しています。

小学生や中学生、高校生になってからでも応募できる賞を紹介しています。

国内の大会から国際大会にまでつながっている賞を紹介しています。

ニュースなどで話題になる賞を紹介しています。

「好き！」の先にあるいろいろな賞では、アイデアを形にするなど、モノづくりに関連したテーマで、小学生から応募できる賞を紹介しています。

「GOOD TOY AWARD」などたくさんの賞を受賞

インタビュー

完成まで10年！「新しい発想のブロック」世界中の子どもたちに広がった「LaQ」

吉條 宏さん
ヨシリツ株式会社 代表取締役

GOOD TOY AWARDの賞状

苦労の連続！10年たってようやく完成したLaQ

カラフルな平面ブロックを、ジョイントと呼ばれるパーツをつなげて立体を作るLaQは、世界中で販売されているおもちゃです。1995年の「全国発明工夫コンクール」入選を皮切りに、「GOOD TOY AWARD」などの日本のコンクールだけではなく、チェコの「RIGHT TOY AWARD」、アメリカの「Dr. Toy's 10 Best Children's Products」など、優れたおもちゃを対象にした賞を数多く受賞しています。

このLaQを作った吉條さんは「サイコロのように6面体で、何かブロックができないかな？と思ったのはいいけど、それを商品にするには大変でした」と言います。

パーツの形や、ジョイントの取り外しの強弱、こわれにくくて、かたすぎないパーツの素材探しなど、次から次へと課題が出てきて、何度も作ってはこわして、を繰り返し、完成までに10年かかったそうです。

LaQ作品に囲まれる吉條さん

遊びのスペシャリストが選ぶ

「GOOD TOY AWARD」

おもちゃの製造や販売などをはじめ、いろいろな場所でおもちゃと遊びのコンサルティングをしている専門家が選ぶ賞。人間の五感やコミュニケーション能力、夢を育てることなどの手助けができる「グッド・トイ」が選ばれ、そのおもちゃの製造者に与えられている。主催は特定非営利活動法人 芸術と遊び創造協会／東京おもちゃ美術館。

吉條さんとLaQの道のり

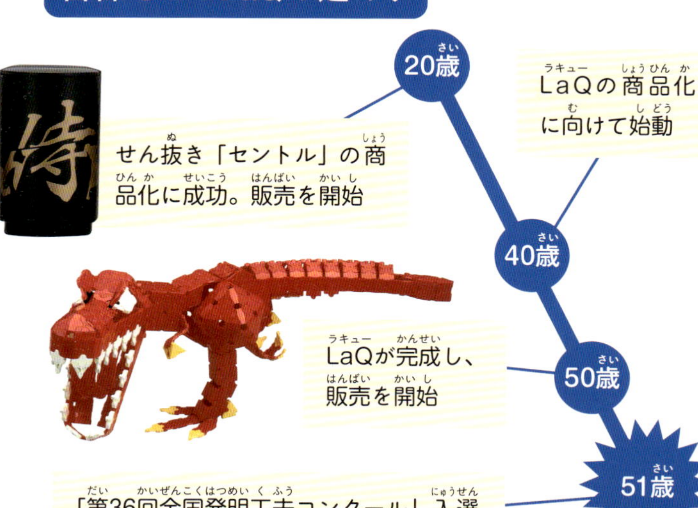

20歳
せん抜き「セントル」の商品化に成功。販売を開始

40歳
LaQの商品化に向けて始動

50歳
LaQが完成し、販売を開始

51歳
「第36回全国発明工夫コンクール」入選

「GOOD TOY AWARD」でグッド・トイに認定

56歳
「奈良県ビジネス大賞」最優秀賞

受賞のスピーチをする吉條さん

61歳
「TOY-1グランプリ」クリエーティブ部門銀賞

LaQで作った「荒波を行く遣唐使船」

裏側をイメージして作る

山や川で遊んでばかりの小学生時代は、図形・数字や「立体物の裏側ってどうなってるんだろう?」とイメージするのが好きだったそう。大人になるにつれて、「この商品はこうすればもっといいのに」といつも考えるようになったと言います。最初に商品化したのは「セントル」と呼ばれるせん抜き。上から押すだけで瓶の王冠が開けられるという斬新なもの。平面だった従来のせん抜きを、立体にしたアイデア商品です。吉條さんの会社はこのセントルをスタートに、平面をつなげて立体にするLaQの商品化へと進みました。

未来を生きる君たちへ

行動すれば何かが見えてくる

好きなことをやるのはだれでも楽しいですよね。何でもいいから、好きなことをとことんやってみましょう。そうすると自然と心にも体にも染みこんできます。アイデアはそこから生まれるはずです。逆に言うと、「やらずには何も出てこない」のです。もしそれを途中で「ちがうな」と思ったら、スパッとやめてもいいんです。また別の「好き」をとことんやっていけばいいんです。そうやって行動すれば、アイデアもやりたいことも見えてきますよ。

商品化できるかどうかを決めるのは「アイデアが水準を超えているか」

「いくらがんばって新しいモノを作っても、世の中の人に必要だ、おもしろい!と思ってもらえないとダメなんです。ひらめいたアイデアが、すでに世の中に出回っている商品のレベルを超えているかどうか、なんですよね」と吉條さん。それを理解した上で必死に作ってみると、壁にぶつかっても、新しいアイデアが出てくるのだそうです。ひとつの商品を生み出すには大変な時間と労力がかかっているのです。

モノづくりが好きな君にぴったりの賞

自由な発想、自分なりのアイデアで創造するのはとても楽しいこと。ワクワクしたり誰かの役に立ったり、そんな作品に与えられる賞を紹介します。

すぐにチャレンジできる!

ブロックを組み立てて
オリジナル作品を作ろう!

LaQ芸術祭

LaQ芸術祭はSNS上で開催するLaQのコンテスト。LaQとは、7種類の小さなパーツを組み合わせて平面・立体・幾何学体といろいろな形に変化させるパズルブロック。オリジナル作品を作ってSNSに投稿しましょう。

応募要項

募集部門：ジュニア部門(12歳以下)／一般部門(13歳以上)
応募資格：個人、団体、プロ、アマ、達人、いずれも可能。LaQやPaxを使用した未発表のオリジナル作品であること。または作品の題材、テーマがLaQやPaxに関連したモノであること（他素材との組み合わせも可)。
応募方法などの詳細：ヨシリツ株式会社
https://www.laq.co.jp/contest/
応募期間：ホームページでご確認ください。

LaQ芸術祭 2023年度ジュニア部門　グランプリ作品

いらなくなったモノを使った作品を募集!

ちゅうでんリサイクル工作コンクール

いらなくなった段ボールやペットボトル、捨てられてしまう靴下などの生活用品などを使って作った、アイデアいっぱいの工作を募集します。作品の写真に400字程度の説明文をつけて応募してください。

応募要項

応募部門：小学1・2年生の部／小学3・4年生の部／小学5・6年生の部
応募資格：全国の小学生
応募方法などの詳細：公益財団法人ちゅうでん教育振興財団「リサイクル工作コンクール」係
TEL (052)932-1741（平日9:00～17:00） FAX (052)932-1742
https://www.chuden-edu.or.jp/oubo/oubo3/oubo3
応募期間：9月13日必着（2024年の場合)

レベルアップ

ロボットが活躍できる未来を!

ロボカップジュニア・ジャパンオープン

ロボカップとは、「2050年までに、人間のサッカー世界チャンピオンチームに勝てるロボットチームを作る」という国際的なコンテスト。ロボカップジュニアには3種類の競技テーマ（サッカーリーグ、レスキューリーグ、OnStageリーグ）があり、11歳から19歳までの学生なら誰でも参加可能。ロボットの設計や製作を通じて、ロボカップの担い手を育てることが目的。新しい技術に挑戦して、テーマにそって作り上げたロボットと共に競技に参加してみましょう。

連絡先：一般社団法人ロボカップジュニア・ジャパン事務局
URL：https://www.robocupjunior.jp/

さらにレベルアップ！

ソーラーカーと燃料電池車が参加する大会

ワールド・グリーン・チャレンジ

ソーラーカー・グリーンフリートとソーラーバイシクル、太陽電池のみを動力にするマシンで、1周25 km のコースを3日間で合計25時間走る、国内最長の耐久レース。毎年8月に秋田県大潟村のソーラースポーツラインで行われます。

連絡先：特定非営利活動法人クリーン・エナジー・アライアンス

URL：https://wgc.or.jp/

さらに！ さらにレベルアップ

ワールド・ソーラーチャレンジ

太陽光を動力源として、約5日間をかけてオーストラリア大陸約3,000 km を縦断する世界最高峰のソーラーカーレース。隔年で開催されます。世界一速いソーラーカーを決めるチャレンジャークラス、実用性を競うクルーザークラス、そして順位よりも大会を楽しむアドベンチャークラスの3クラスが設定されています。

さらにレベルアップ！

ロボットを動かすプログラミングの技を競う

FIRST LEGO League （FLL）

9歳～16歳を対象とした国際的なロボット競技会で、日本では2004年から開催。競技は自作の自律型ロボットで課題をクリアする「ロボットゲーム」と、大会テーマに合わせて研究発表をする「プレゼンテーション」など。東京・名古屋・大阪・福岡での予選大会の勝者が全国大会へ。全国大会の上位数チームが世界大会への出場権を獲得します。

連絡先：特定非営利活動法人青少年科学技術振興会 FIRST Japan

URL：https://firstjapan.jp/

さらに！ さらにレベルアップ

FIRST LEGO League World Festival

主催・運営はアメリカのNPO法人FIRST。世界110カ国、約67,000チームが出場するFLLで選出された、各国の代表チームが参加する世界大会で、総合優勝を決定します。期間中は、さまざまなチームのアイデアを見て知識や技術を高め合うだけでなく、参加者同士の国際交流の場にもなっています。

世界的に有名な賞！

問題を解決する何かを設計する人に贈られる賞

ジェームズ・ダイソン・アワード

デザインやエンジニアリングを学ぶ学生と卒業後4年以内の若手エンジニアやデザイナーを対象に、次世代のデザインエンジニアの育成と支援を目的として、優れたアイデアに贈られる賞です。国際最優秀賞受賞者には賞金に加え、国内外のメディアで紹介される機会を提供しています。

ジェームズ・ダイソン・アワードって何？

dysonの創業者であり、デュアルサイクロン掃除機の発明者であるジェームズ・ダイソンが2005年に設立した賞です。2024年の日本最優秀賞受賞者は、東京大学の平城裕隆さん。彼の作品「WhisperMask」は、装着すると自分の声だけを拾えるマスク型マイク。人が多くうるさい場所でも、ささやき声レベルの自分の声を、相手にクリアに伝えることが可能。音声コミュニケーションの質と便利さを向上させます。

「手塚治虫文化賞」新生賞を受賞

子どものころから描いてきたマンガ 江戸時代の職人の姿を圧倒的な画力で表現

インタビュー

坂上暁仁さん
漫画家（30歳）

『神田ごくら町職人ばなし』（リイド社）

手塚治虫文化賞の鉄腕アトムのブロンズ像

子どものころの夢がかなった

受賞作品である『神田ごくら町職人ばなし』は、桶職人や刀鍛冶など江戸職人の伝統的な手仕事の技やその思いを、リアルに描いた歴史マンガ。その画力と独自性が評価されました。「このマンガを読め！2024年」第１位、「マンガ大賞2024」第３位など多くの賞を受賞した作品です。受賞を聞いたとき「これで、マンガの世界にいると胸を張って言える！」と思ったそう。また小学校２年生のころから手塚治虫作品を読みはじめて、その憧れからマンガを描きはじめたこともあって、「子どものころの夢がかなった」と思ったそうです。

本格的にマンガに挑んだのは高校２年のころ。描いたマンガを持って、直接出版社に売りこむも、「ボロクソにダメ出しを受けました」。大学の卒業制作で描いたマンガ『死に神』は、持ちこんだ出版社の担当者からすすめられて応募。「第71回ちばてつや賞」に入選し、そこからプロの漫画家としての道がはじまりました。

仕事場で新作のマンガを描く坂上さん

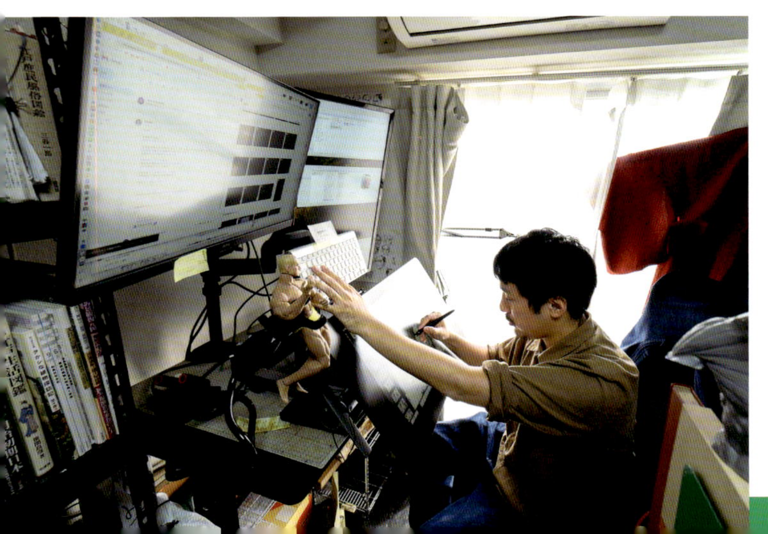

手塚治虫の業績を記念した
「手塚治虫文化賞」

漫画家・手塚治虫の業績を記念して創設された賞。日本で発表されたマンガで優れた成果を上げた作品および個人・団体に贈られる。新生賞は斬新な表現、画期的なテーマなど清新な才能の作者に贈られる。主催は朝日新聞社。

坂上さんの道のり

小2

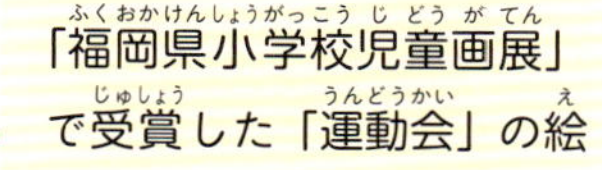
「福岡県小学校児童画展」で受賞した「運動会」の絵

小3

マンガを描きはじめたころの作品

小5〜中学生

「バスの絵画コンクール」で入選した「ゲタバス」

友人たちと作った短編集や一人で描き上げたマンガ

23歳

武蔵野美術大学の卒業制作として描いたマンガ『死に神』が「第71回ちばてつや賞」入選

30歳

「第28回手塚治虫文化賞」新生賞を受賞

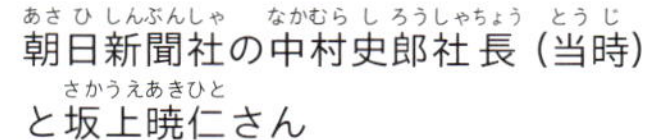
朝日新聞社の中村史郎社長（当時）と坂上暁仁さん

写真提供：朝日新聞社

「好き」と「自己防衛」で続けたマンガ

マンガを描きはじめたのは小学2年生のころ。最初は少し描いては途中でやめることが多かったそうです。５年生くらいから、テレビのドラマやドキュメンタリーなどを見るようになり、そこからイメージをふくらませて、ノート１冊分のマンガも描けるようになったそう。そして中学生のころには、友だちと短編集も作ったと言います。でもそのころは、「マンガが好き」という気持ち以外に、いじめられないようにするという、自己防衛の意味もあったと言います。「マンガが描けるすごいヤツだと思われれば、いじめられることも少なくなりますから」。

未来を生きる君たちへ

好きな地獄を選ぶ?!

「好きな地獄を選べ」は好きな言葉のひとつです。仕事をして生きていくと、必ず辛いことや大変なことがおこります。でも、それが好きなことだったら耐えられる、というか、なんとか乗り越えようと努力できるんですよ。僕の場合はそれがマンガでした。マンガ作品を生み出すときは、地獄のように大変な時間がありますが、それでも完成したときの達成感があります。自分が一生懸命になれることを続けていく。それが幸せに生きるということなんじゃないかな。

絵や写真が好きな君にぴったりの賞

絵を描いたり写真を撮ったり、芸術作品を作り上げたり。自分の好きなことを形にできるとワクワクしますね。感性を生かして目指せる賞を紹介します。

すぐにチャレンジできる!

入賞作品はフランスのルーヴル美術館に展示!

こども絵画コンクール

住友生命が主催するこどものための絵画コンクール。第47回のテーマは「これがさいこう!」。各年のテーマにそって、絵を募集。全国審査会で入賞した各部門の特別賞・金賞・銀賞105作品は、パリにあるルーヴル美術館に展示されます。

応募要項

応募部門：幼児0歳～4歳部門／幼児5・6歳部門（未就学児童）／小学校1・2年生部門／小学校3・4年生部門／小学校5・6年生部門／中学生部門
応募資格：0歳～15歳まで（個人の応募に限る）
応募方法などの詳細：住友生命公式ホームページをご確認ください。

https://www.sumitomolife.co.jp/about/csr/community/art/kodomo/

身近な場所から環境問題を考える

環境フォト・コンテスト わたしのまちの○と×

出光興産主催のフォトコンテスト。身近な場所にある、いつまでも残したい「○」の風景と、すぐに改善したい「×」の風景を2枚組み合わせた写真に、写真に関するコメントを添えて応募してください。2024年度の応募部門は、小学校部門、中学校部門、高校・高等専門学校部門、学校団体部門の4部門。毎年7～9月に募集しています。

応募要項

応募方法などの詳細はIdemitsu環境・フォトコンテスト公式ホームページをご確認ください。

https://www.idemitsu.com/jp/fun/photo/

第47回こども絵画コンクール（0歳～4歳部門）
文部科学大臣賞「虹の滑り台」

レベルアップ

1枚のマンガに自分の想いをぶつけよう!

世界まんがセンバツ

国内外を問わず、誰でも参加できるマンガのコンテスト。高校生部門、年齢を問わないフリー部門、U-15部門の3部門に分かれていて、各部門のテーマにそった1枚マンガを募集しています。それぞれの部門で予選を通過した10作品を対象に、各賞を決定します。作品は、公式サイトに掲載。自分の作品を多くの人に見てもらえるチャンスです。

連絡先：まんが王国・土佐推進協議会事務局
URL：https://mangaoukoku-tosa.jp/manga-senbatsu/

レベルアップ

気軽に参加できるフォトコンテスト

ワンダーフォトコンテスト

世代や地域を超えて“写真の楽しさ”を共有することを目的に、平成24年度からミュゼふくおかカメラ館が開催しているフォトコンテスト。応募部門は一般部門（大学生以上）とジュニア部門（小・中・高校生）。その年のテーマにそって、自分なりの感性と自由な発想でとらえた作品を応募してください。応募された全作品はワンダーフォト写真展で展示されます。

連絡先：ミュゼふくおかカメラ館

URL：https://www.camerakan.com/workshop/

さらに！さらにレベルアップ

写真界を担うクリエイターを育てよう

Sony World Photography Awards

ソニーがサポートする世界最大規模の写真コンテスト。「広く世界中からタレントを発掘し、クリエイターを支援したい」という目的で開催。誰もが気軽に参加できるコンテストとして注目されています。世界大会受賞作品は国際的なメディアでの展示や出版の機会が広がるチャンスが。受賞者には賞金やソニー機材が贈呈されます。

さらにレベルアップ！

デジタル作品を広く募集

アジアデジタルアート大賞展FUKUOKA

アジア地域から優れたクリエイターを発掘・育成することが目的。一般カテゴリーと高校生以下も参加できる学生カテゴリーの2部門からなり、コンピュータ・グラフィックス、画像処理、動画像処理などのデジタルテクノロジーを使って作成された作品を広く募集。受賞作品は福岡市美術館に期間限定で展示されます。

連絡先：アジアデジタルアート大賞展実行委員会事務局

URL：https://adaa.jp/ja/

さらに！さらにレベルアップ

Ars Electronica Festival

オーストリアのリンツで毎年開催される国際的なフェスティバルで、アジアデジタルアート大賞展FUKUOKAの受賞者が招待されます。フェスティバルで授与される、メディアアート界のオスカーとも言われる「アルス・エレクトロニカ賞」。音楽家・アーティスト・プロデューサーなど幅広く活躍する やくしまるえつこさんが、2017年に日本人として初のグランプリを受賞しました。

ニュースで話題

マンガ好きが聖地に集結

アングレーム国際漫画祭

ヨーロッパ最大級のコミックフェスティバル。例年、アングレーム市の人口の5倍に当たる20万人が来場。期間中にグランプリや最優秀賞など18もの賞の表彰が行われます。

アングレーム国際漫画祭って何？

フランスで最も古いマンガ関連のフェスティバルとして1974年から開催、「漫画界のカンヌ」と呼ばれています。フランス語で出版された作品を対象に、各部門で表彰が行われますが、外国の作品でもフランス語で翻訳・出版された作品はノミネートされます。過去に日本人漫画家も多く受賞しています。2007年には水木しげるさんが日本人で初めて最優秀コミック賞を受賞、2015年には大友克洋さんが初のグランプリを受賞しています。

「12歳の文学賞」を受賞

インタビュー

史上初の3年連続で文学賞大賞を受賞したスーパー小学生

鈴木るりかさん

区立王子小学校4年（受賞時）
早稲田大学社会科学部（現在）

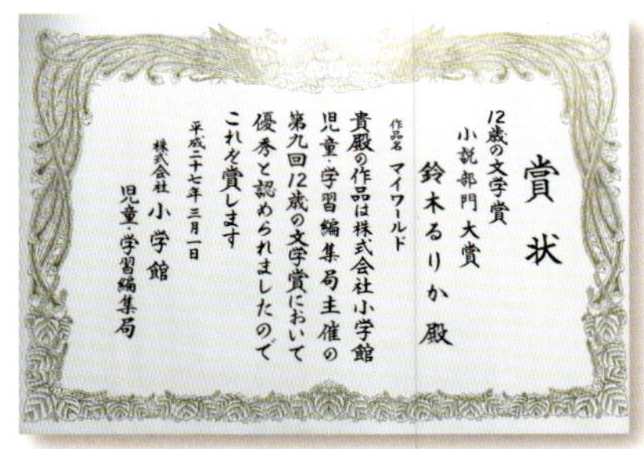

賞状

12歳の文学賞
小説部門 大賞
鈴木るりか 殿

作品名 マイワールド

貴殿の作品は株式会社小学館
児童・学習編集局主催の
第九回12歳の文学賞において
優秀と認められましたので
これを賞します

平成二十七年三月一日

株式会社 小学館
児童・学習編集局

12歳の文学賞の表彰状

 受賞をきっかけに、中2で夢の作家デビュー

「12歳の文学賞」は、小学館が主催する12歳以下の小学生が応募できる文学賞。鈴木さんは小学4・5・6年生のとき、史上初の3年連続で大賞を受賞しました。

2度目に受賞した小学5年生の終わりごろには、出版の話が出ていたそう。これまでの作品を改稿し、さらに書き下ろしで短編を3本追加して、14歳の誕生日に作家デビューを果たしました。「14歳でのデビューは、ちょっと早いのではないか。出版しても、読んでくれる人はあまりいないのではないかと不安だった」と語ります。しかし、デビュー作は12万部超のベストセラー。話題の作家になります。クラスメイトが、自分の本を買ってサインを求めてくれたり、読者からファンレターが届いたりするようになり「小説家になったんだ」と実感したと言います。

ザリガニ図鑑に夢中になり、絵や写真を見ながら自分で物語を作っていた幼いころ。「このザリガニはお母さんとはぐれちゃった子どものザリガニ、というストーリーを作ったのを覚えています」。物語に触れることが好きだった鈴木さんは、受賞をきっかけに、夢に見ていた「作家デビュー」を実現させたのです。

小学生のための新人公募文学賞「12歳の文学賞」

小学館が主催したこの賞は、2006年から12回にわたって開催。小学生のための文学賞で「小説部門」と「はがき小説部門」の2部門で構成されていた。この賞の目的は、子どもの才能を見つけるだけではなく、作文が苦手な子でも「文章を書く楽しさ」を感じる機会を作ること。この賞を受賞した鈴木るりかさん、中濱ひびきさんらが作家としてデビューしたが、2018年が最後の開催となった。

親子試写会上映後のトークショー

鈴木さんの道のり

小4

小学館「12歳の文学賞」大賞受賞

小5

小学館「12歳の文学賞」で2度目の大賞受賞

小6

小学館「12歳の文学賞」で3度目の大賞受賞

中学2年から大学2年までに、小学館から6冊の本を発刊

中2

連作短編小説『さよなら、田中さん』で作家デビュー

大1

早稲田大学社会科学部入学

大2

小説『星に願いを』発刊

完璧を追い求めることが、創作活動のエネルギーに

小説を書き続けるなかで、いろいろな知識が必要だと感じた鈴木さん。人文、政治経済、法学など多彩な学びができるところにひかれて、早稲田大学の社会科学部に進むことに。「世の中に完璧な小説はないと言われます。どんなに完成度の高い小説でも作家にとっては完璧ではない。本を出した後でも、ああすればよかったかな、こうしたらもっとよくなったのではないか、とずっと思い続けているものです。でもだからこそ、いつか完璧な小説を書きたい、という思いが創作活動のエネルギーの源になっているのだと思います」。作家デビューの夢を実現させた今も、その挑戦は続いています。

未来へ

夢を追う、その過程が生きる原動力

私は小さいころから本が大好きで、物語を考えるのも大好きでした。小学生での受賞が、自分の好きなことをするという夢へ一歩近づけてくれたのだなと思っています。だけど、この夢というのは途中で変更してもいい、いくつ持っていてもいいとも思っています。どんなに努力しても目標を達成できず、夢がかなわないこともあるでしょう。でも、夢は日々を生きていく原動力。夢を追いかけるなかで得た気づきや学びが、次の新たな夢へつながることもあります。ぜひ、結果よりも過程を大事にしてください。

作文や俳句が好きな君にぴったりの賞

日本の短歌や俳句をはじめ、文芸作品にはその国や地域の魅力や文化が反映されます。文章表現が得意な人たちが応募できる賞を紹介します。

すぐにチャレンジできる!

自分で考えたお話を読んでもらおう!

角川つばさ文庫小説賞【こども部門】

中学生以下を対象に小説作品を募集。400字詰原稿用紙で30枚までの作品なら、青春、冒険、ファンタジー、恋愛、学園、SF、ミステリー、ホラーなど内容は自由。お話を考えて応募してみましょう。

応募要項

応募部門：こども部門
応募資格：全国の中学3年生以下
応募方法などの詳細：KADOKAWA
https://x.gd/Pilsbi
応募期間：7月1日～8月31日　当日消印有効（2024年の場合）

「先生」に対する思いを作文で表現

子ども作文コンクール

作品のテーマは「わたしの先生、ぼくの先生」。これまでに出会った、自分にとってかけがえのない存在である「先生」について、作文にまとめてみましょう。あなたが「先生」と思う人なら誰でもOKです。

応募要項

募集部門：小学1～3年生の部／小学4～6年生の部／中学生の部
応募資格：小学生・中学生（国内・海外は問いません）
応募方法などの詳細：https://kodomo-zaidan.net/ourbusiness/career_path/essay/
応募期間：4月26日～6月4日（2024年の場合）

贈賞式では全部門の表彰と総評が行われます

レベルアップ

文芸作品を募集する国内最大のコンクール

全国高等学校文芸コンクール

全国の高校生を対象とした文芸創作コンクール。小説・文芸評論・随筆（エッセイ）・詩・短歌・俳句・文芸部誌の7分野から広く文芸作品を募集しています。応募を通して、高校生に日本語の力と表現の可能性について関心を持ってもらい、文芸創作活動の振興と向上を図ることを目的としています。全国規模で文芸全般において実施する文芸コンクールとしては、最大のもの。優秀な作品には文部科学大臣賞などが贈られます。

連絡先：公益社団法人全国高等学校文化連盟
URL：https://www.kobunren.or.jp/enterprise/page-965/

さらにレベルアップ！

3行の言葉から世界とつながろう

世界こどもハイクコンテスト

2年に一度、全世界の15歳以下の子どもたちを対象に、絵と俳句で構成された作品を募集するコンテスト。A4サイズ程度の紙に絵を描き、俳句をそえて応募してください。優秀作品はJAL財団のホームページに掲載。協賛イベントで展示され、ポストカードなども作成されます。

連絡先：公益財団法人JAL財団

URL：https://www.jal-foundation.or.jp/haiku-contest/

さらにレベルアップ！

夏休みに本に親しむ時間を

青少年読書感想文全国コンクール

毎年開催される読書感想文のコンテスト。課題図書または自由図書の感想を原稿用紙にまとめましょう。読書を習慣化してほしいという思いをこめて、夏休みの宿題として取り組む学校も多数。優秀な作品には、賞が授与されます。

連絡先：青少年読書感想文全国コンクール事務局

URL：https://www.dokusyokansoubun.jp/

さらにレベルアップ

応募作品数日本一の創作俳句コンテスト

伊藤園　おーいお茶　新俳句大賞

伊藤園の主催で1989年から開催、2024年までの応募累計作品数は4500万句を突破しています。自分で感じたこと、思ったことを季語や定型にこだわらず、のびのびと表現して応募してください。俳句の第一人者や写真、音楽、文学に関わる人が審査員として作品を評価。入賞1,000名の作品は「お～いお茶」シリーズのパッケージで発表、最優秀作品には50万円が贈られます。

連絡先：「伊藤園お～いお茶新俳句大賞」事務局

URL：https://itoen-shinhaiku.jp/

さらに！さらにレベルアップ

世界に届け、僕・私の想い

国際ユース作文コンテスト

SDGsや平和をテーマにした作文を募集。平和な文化と持続可能な地球社会を築いていく上で子どもたちができることを考え、表現することを目的としています。2024年のテーマは「対立を超えた私の体験」。152カ国から子どもの部5,511作品、若者の部10,233作品が寄せられました。

連絡先：公益財団法人五井平和財団

URL：https://www.goipeace.or.jp/work/essay-contest/

ニュースで話題

作品ではなく作家に与えられる

ノーベル文学賞

ノーベル化学賞などと同様に、1901年からはじまった、6つの分野からなるノーベル賞のひとつ。日本の「芥川賞」などの文学賞は、優れた特定の作品に与えられますが、ノーベル文学賞は、作品ではなく、作家に与えられる賞です。

日本人の受賞者は何人？

日本人の受賞者は『雪国』や『伊豆の踊り子』を書いた川端康成さん、『ヒロシマ・ノート』『懐かしい年への手紙』などを書いた大江健三郎さんです。2017年に受賞した、『わたしを離さないで』を書いたカズオ・イシグロさんは、日系イギリス人で国籍が日本ではないため、日本人受賞者とされていないようです。また、ノーベル文学賞の発表の時期になると、必ず名前があがるのが村上春樹さん。2006年に同賞の登竜門とされる「フランツ・カフカ賞」を受賞していますが、ノーベル文学賞は2024年時点ではまだ受賞していません。

「ピッツァワールドカップ」で優勝

自分のオリジナリティを加えたナポリピッツァで世界一に！

インタビュー

坂本大樹さん

株式会社 GRANLBERO
代表取締役

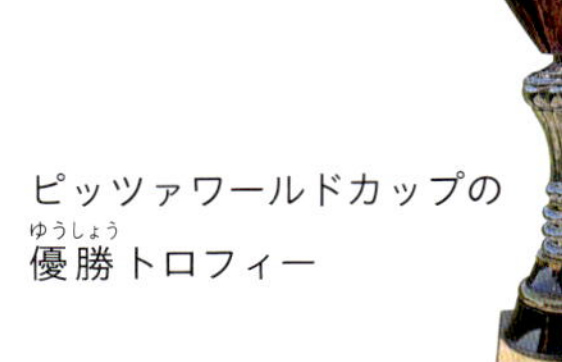

ピッツァワールドカップの優勝トロフィー

ピッツァ作りにトコトン向き合い、好きを追求

坂本さんは「ピッツァワールドカップ2023」で優勝した、世界一のピッツァ職人です。本場イタリアのローマで開催されたこの大会で作ったのは、しょうゆで食べるカニのピッツァ。切り分けたものを、別のお皿に入れたしょうゆにつけて食べるという、まるでお寿司のようなピッツァでした。この完成度の高さが、審査員の票を集めたのです。日本発祥ではない「ピッツァ」で、海外の人と戦うには、「日本らしさや、斬新さ、驚きなど、審査員に強い印象を残せるように勝負しています」と言います。

「ピッツァって、作り方はシンプルだと思うかもしれません。ただ生地を作るときに重要なのは、気温や湿度によって変化する酵母を管理すること。それがとても大変なんです。素材のおいしさを100%引き出すために、食べる時間にも合わせて、酵母や食材と会話しながら作っています」。この食品管理などの細部まで突きつめるストイックな姿勢が、世界一の称号を手に入れる力となっています。

世界から集まったピッツァ職人が世界一を競う

「ピッツァワールドカップ」

各国から集まった選りすぐりのピッツァ職人が世界一の座を競う大会で、ストリートフード部門・パスタ部門、ピッツァ部門など全18部門に分かれて競い合う。また各部門ごとにテーマが決められ、そのテーマにそった料理を出すことが条件となる。年に1回、イタリアの首都ローマ近郊で開催されている。

食材と会話しながらピッツァを作る坂本さん

坂本さんの道のり

高3

出場した高校生の料理大会で全国3位に

29歳

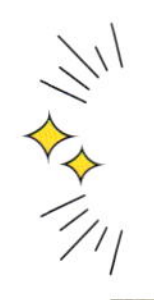

「ナポリピッツァ職人コンテスト2012」クラシカ部門優勝

「ピッツァ ワールド カップ 2023」NATIONS TEAM部門優勝

40歳

「ナポリピッツァ世界選手権 2024 カプート杯 日本大会」ＳＴＧ部門 優勝

41歳

「ピッツァ ワールド カップ 2024」
ストリートフード部門 準優勝
パスタ部門3位

「ラスベガス PIZZA EXPO 2024」
ピッツァ世界大会3位

「ナポリピッツァ職人世界選手権」
カプート杯stagione部門3位

中学のころから決めていた料理人への道

料理が好きなお父さんの影響で、小学校のころから料理を作るのが好きだったという坂本さん。手先が器用で、包丁を持って野菜を切るのも得意だったと言います。中学校の家庭科のキュウリを切るテストで、友だちから「すごい！ 上手」と言われたこともあって、料理人になろうと決心しました。高校2年のときにイタリアンレストランでアルバイトをはじめます。卒業後、プロになろうと上京するとナポリピッツァの調理技術やおいしさに感動して、その魅力に引きこまれていきました。ストイックにとことんのめりこむ情熱的な坂本さんは、その後メキメキと頭角を現し、自分のお店をオープンし、数々の大会に出場して入賞するようになったのです。

未来を生きる君たちへ

やる前からあきらめず、チャレンジする気持ちを大切に

小学生のころから「やる前からあきらめない」という気持ちは変わっていません。大変なこともたくさんあるけど、興味のあることを突きつめるには、チャレンジ精神がないといけないと思っているからです。小中学生のみなさんには、何でもいいから、チャレンジすることからはじめてほしいですね。ちがうなと思ったら、また別のものにチャレンジしていいんです。でもやる前からあきらめちゃダメなんです。まずは一歩、動いてみましょう。

食べることが好きな君にぴったりの賞

おいしい食事を作ったり、スイーツを作ったりするのは楽しいし、作ったモノを喜んでもらえると自分もうれしいものです。そんな食に関する賞を紹介します。

すぐにチャレンジできる！

小学生の料理コンテスト

ハットリ・キッズ・食育・クッキングコンテスト

服部栄養専門学校が開催する小学生を対象にした料理コンテスト。全国から募集したオリジナルレシピの中から、書類選考を通過した10名が本選会に参加できます。2024年のテーマは「朝ごはんで絶好調！ これが私の腸活メニュー」。

応募要項

応募資格：小学1年生から小学6年生までの児童（国籍性別不問）

応募方法などの詳細：「ハットリ・キッズ・食育・クッキングコンテスト」事務局

https://hattori-kids-shoku-iku.jp/

応募期間：7月10日　当日消印有効（2024年の場合）

レベルアップ

家庭料理の楽しさ、作る喜びを知る機会

ジュニア料理選手権

「オレンジページ」と味の素株式会社が主催の、中学・高校生を対象に行っている国内最大級の料理コンテスト。書類審査による一次選考、オンライン審査による二次選考に通った人が最終選考へ。最終選考は、審査員による調理および試食審査です。料理だけでなく、エピソードの内容も審査の対象になります。

連絡先：株式会社オレンジページ

URL：https://www.orangepage.net/ymsr/features/juniorcooking2024/posts/11548

レベルアップ

高校生のためのスイーツ日本一を決めるコンテスト

スイーツ甲子園

高校生が3人1組でチームとなり、オリジナルスイーツのアイデアと腕を競います。全国を東西に分け、書類選考で選ばれた東西各12チームが調理試験に参加。全国大会に進出する東西各3チームを決定。地区予選を勝ち抜いた全6チームが決勝大会に進出、優勝チームを決定します。2024年度の優勝チームには「タヒチ研修旅行」が贈られ、食材めぐりや、現地高校生との異文化交流など、タヒチならではの研修内容が予定されています。

連絡先：「スイーツ甲子園」事務局　**URL：**https://sweets-koushien.com/

写真提供：産経新聞社

第17回スイーツ甲子園　優勝
飯塚高等学校／arc-en-cielの作品「chouette」

さらにレベルアップ！

料理の世界のワールドカップの日本代表を決定！

ボキューズ・ドール 日本大会

「現代フランス料理の父」と称されるポール・ボキューズが創設した、世界中のトップシェフが2年に一度競うフランス料理国際コンクールの国内大会です。フランス料理をベースに、世界を魅了するトップレベルの技術と創造性が求められます。23歳以上の料理人が参加、まずは、日本国内のトップシェフたちと日本代表の座をかけてたたかいます。

連絡先：ボキューズ・ドールJAPAN事務局

URL：http://www.bocusedorjapon.jp/about/

さらに！ さらにレベルアップ

ボキューズ・ドール国際料理コンクール

日本大会・アジアパシフィック大会を勝ち抜き、フランス本選へ！ 日本代表として、日の丸を背負ってたたかいます。調理と審査は2,000人の観客が見ているステージの上。審査は出場24カ国を代表するトップシェフたち。調理する手元は会場内のスクリーンに映し出され、ウェブでの生放送で全世界に放映されます。

さらにレベルアップ！

ナンバーワンのバリスタを目指して

ジャパン バリスタ チャンピオンシップ

バリスタの技術や知識、ホスピタリティなどを競う、コーヒーの競技会。決められた制限時間内に3種類のドリンクを提供し、正確性、一貫性などが評価されます。より精度の高いドリンクを提供できた人が、世界大会に出場できます。

連絡先：一般社団法人日本スペシャルティコーヒー協会

URL：https://scaj.org/activity/competitions/jbc/jbc-overview

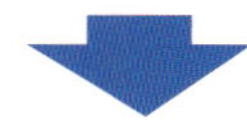

さらに！ さらにレベルアップ

ワールド バリスタ チャンピオンシップ

才能ある50人以上の各国のバリスタ・チャンピオンが、4杯のエスプレッソ、ミルクベースのドリンク、ユニークなシグネチャードリンクを、制限時間のある15分間のパフォーマンスで丁寧に作り上げ、その技術を競います。味、清潔さ、創造性、技術力、全体的なプレゼンテーションなどの主要な基準に基づいて審査されます。

ニュースで話題

ソムリエのオリンピック

世界最優秀ソムリエコンクール

3年に一度開催。ワインの知識やテイスティング能力、サービスの技術で世界一のソムリエを決めるコンクール。ワインだけではなく、幅広い飲料の知識や理論、ビジネス知識などが求められる、難易度の高いコンクールです。

実技・理論・ビジネス知識……多くの難題で競う！

コンクールで競うのはラベルを隠して行うブラインド・テイスティングなどの実技だけではなく、理論やビジネス知識を問う筆記試験があります。予選では、66人の中から一気に19名に絞られ、さらにその中から決勝へ進めるのはわずか3人。決勝戦では、限られた時間内に、高いレベルの知識、サービス能力、対応力などが要求される7つの課題で競います。日本人ソムリエでは、1995年に田崎真也さんが優勝しました。現在でも日本人唯一の世界最優秀ソムリエとして活躍しています。

「日本ゲーム大賞　優秀賞　大賞・経済産業大臣賞」を受賞

インタビュー

ゲームコンテンツの枠を超えて、社会的な一大ブームを巻きおこす！

日野晃博さん

株式会社レベルファイブ
代表取締役社長／CEO

「妖怪ウォッチ」のジバニャン

日本ゲーム大賞
2014優秀賞
大賞のトロフィー

子どものころのワクワクしていた気持ちを、今の子どもたちにも味わってほしい

「レイトン教授」シリーズをはじめ、「イナズマイレブン」「二ノ国」「ダンボール戦機」など、多くのヒット作を世に送り出すゲームクリエーターである日野さん。大ヒット作「妖怪ウォッチ」では、ゲームの世界を超えて、テレビアニメ、マンガ、玩具などに活動を広げてゲーム産業を盛り上げました。この業績が評価され、2014年に日本ゲーム大賞の2部門で受賞しました。

日野さんは「僕が大切にしているのは、小学生のころに好きだったモノを、現代風にアレンジすること」と言います。昭和のサッカーマンガのアツさを「イナズマイレブン」に、「ドラえもん」のような30年続く作品を作りたくて「妖怪ウォッチ」に。子どものころに夢中になっていた作品を、今の時代の環境、感覚に合わせてアレンジすることにこだわっているのです。「子どものころに自分が好きだったモノが、現代にもあるといいな」。その信念で作品作りに向き合っています。

ゲーム業界の発展に貢献

「日本ゲーム大賞」経済産業大臣賞

優れた作品を作り出し、ゲーム産業の発展に貢献した人物・団体に贈られる賞。日本ゲーム大賞は、ゲームソフトだけを対象に「年間作品部門」「フューチャー部門」「アマチュア部門」の3部門で選考されていたが、2008年より人物を対象とする「経済産業大臣賞」が追加された。

スタッフとミーティングを行う日野さん

日野さんの道のり

小3

マイクロコンピュータと出会う

さまざまな絵のコンクールで入賞する

小学校時代

44歳

優れたゲーム開発者に贈られる「ファミ通アワード2011」でMVP受賞

「日本ゲーム大賞 2014」優秀賞 大賞・経済産業大臣賞受賞

46歳

その年の特に優れた新製品・新サービスに贈られる「日経優秀製品・サービス賞」で優秀賞・日経ＭＪ賞を受賞

48歳

「第25回日本映画批評家大賞」でファミリー作品賞を受賞

「小学５年生の心」を大切に、モノづくりをしています

　ゲームの世界に進んだのは20歳のころ。もともとはシステムエンジニアを目指していたのですが、「ドラゴンクエストⅢ」との出会いが、人生を変えます。「ゲームの世界こそ進むべき道だ！ と路線変更を決断し、自分で制作したゲームを当時のゲーム会社に売りこみ、半ば強引に入社したんです」と笑います。1998年には独立し、今の会社であるレベルファイブを設立しました。小学５年生のような遊び心を大切に、ファミリーで楽しめる作品を制作してきた日野さん。数々のヒット作を生み出し、ゲーム関連の賞を数多く受賞しました。

未来を生きる君たちへ

自分の興味が向く方向に、まっすぐ正直に！

　小学生のときは、興味を持ったことをとことん楽しむことが一番だと思います。僕は、興味を持ったことはまっすぐに行動に移すタイプでした。釣りや読書、プラモデルやミニ四駆なども大好きでしたが、一番夢中になったのはマイコン（マイクロコンピュータ）です。だけど高価すぎて買えません。そこでマイコンの本を読みあさることで自分を満足させながら、必死にお金を貯めました。小学6年生のころ、数年分のお年玉を貯めて、自分でマイコンを購入したときは、本当にうれしかった。そのときはそれが仕事につながるかどうかは、考えていませんでしたが、楽しいな、おもしろいなと思った方向へまっすぐに進めば、自然と道が開けてくると思います。

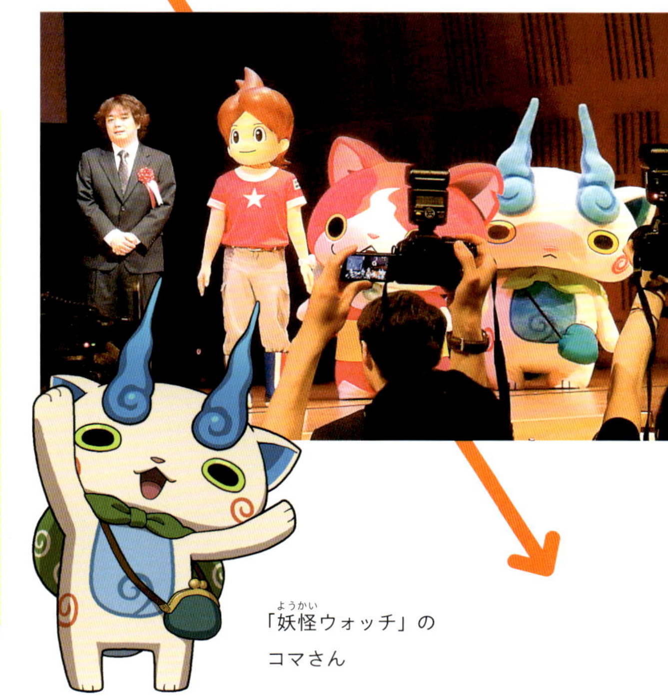

「妖怪ウォッチ」のコマさん

「好き！」の先にある いろいろな賞

好きだからこそ、じっくり考えたり、周りの人にすすめたり、想像をふくらませたりすることができます。好きなことが賞につながるコンテストを紹介します。

すぐにチャレンジできる！

あったらいいなを形に

子どもアイディアコンテスト

「未来」をテーマに、あったらいいなと思うアイディアを募集します。まずは、未来にあったらいいなというモノを創像して、絵に描いて応募しましょう。予選通過者はそのアイディアで立体作品を作り、決勝に挑みます。

応募要項

テーマ：未来にあったらいいなと思うモノのアイディアを考えて、絵に描いて応募してください。
応募資格：全国の小学生（個人でもグループでもOK）
応募方法などの詳細：子どもアイディアコンテスト事務局
https://global.honda/jp/philanthropy/ideacontest/
応募期間：6月3日～9月9日（2024年の場合）

ITキッズによる、作品プレゼンテーション大会

EXA KIDS

小中学生がITを使い、その年のテーマにそって作った作品をプレゼンするコンテストで、2018年から毎年開催。プログラミング作品だけでなく、ITを活用したものなら何でもOK、個人でもチームでもエントリーできます。2024年のコンテストテーマは「ふわふわ」「ざらざら」「ねばねば」「ぷるぷる」でした。

応募要項

応募部門：チャレンジコース／エキスパートコース／ユーモアコース
応募資格：応募時点で小学1年生～中学3年生または同等の学年・年齢であること（グループ制作の場合は、グループ全員がこの条件を満たすこと）、一次審査会と最終プレゼンテーションにリモートで参加できること
応募期間：8月1日～9月1日（2024年の場合）
応募方法などの詳細：特定非営利活動法人EXA KIDS
https://exa-kids.org/

「子どもアイディアコンテスト」
2024年低学年の部最優秀賞「しっかりやすみな！ドクロマン！」

「EXA KIDS」2024年チャレンジコース最優秀賞
エビサーモンさんの「スライムゲーム's」

想いを託す漢字一文字

今、あなたに贈りたい漢字コンテスト

小学生から参加できる漢字コンテスト。自分や身近な人宛に、贈りたい漢字を一文字選び、120文字以内でメッセージを添えます。贈りたい相手のことを思い、その人にまつわる、大事な思い出や特に伝えたい気持ち、印象的な体験をいくつか書き出し、日頃は言えない素直な気持ちを漢字一字に託して贈ってみましょう。

連絡先：公益財団法人日本漢字能力検定協会

URL：https://www.kanken.or.jp/kanji-contest/

自分だけのインスタントラーメンレシピを作ろう!

インスタントラーメン小学生レシピコンクール

身近にあるインスタントラーメンを素材に、材料・調理法・栄養バランス・盛りつけなどを競うレシピコンテスト。小学4年生から6年生が参加できます。自分でレシピを考え、調べ、調理することを通して、家族や友人とともに食について話し合うきっかけを作ることを目的としています。各地区の優秀な2作品が、全国大会に参加できます。

連絡先：一般社団法人日本即席食品工業協会

URL：https://www.instantramen.or.jp/event2024/

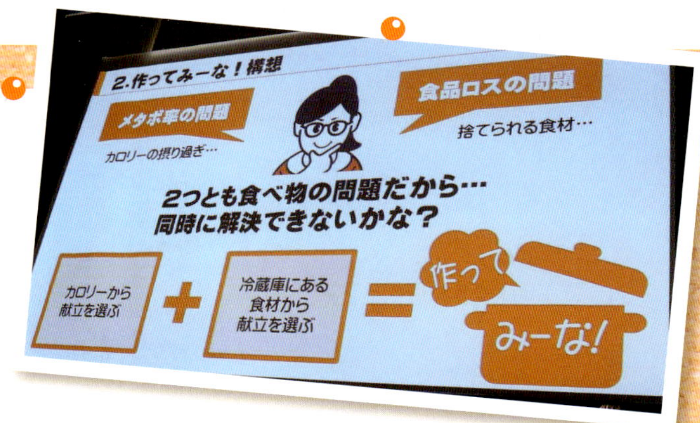

2023年度「全国選抜小学生プログラミング大会」で全国新聞社事業協議会賞を受賞した、献立提案webアプリ「作ってみーな!」

未来志向の小学生プログラマー集結

全国選抜小学生プログラミング大会

「みんなのみらい」をテーマに、未来のために役立つアイデアがつまった作品を募集。独自の発想やアルゴリズムに基づいたプログラムで作成したアプリ、映像などを応募してください。各県大会で勝ち残ったファイナリストが、全国大会に参加、3分間のプレゼンテーションをします。グランプリ受賞者には、文部科学大臣賞が贈られます。

連絡先：全国新聞社事業協議会プログラミング大会事務局

URL：https://zsjk.jp/

マンガを読んで応募しよう

マンガ感想文コンクール

マンガを読んで、感じたことや考えたことを感想文・エッセイ・推薦文などの文章にまとめてみましょう。多くの人にマンガを読んでもらい、感じたこと、心が動かされたことを伝えてもらうことが目的の、小中高生を対象に開催しているコンクール。入賞者には、賞状、オリジナル図書カードが贈られます。

連絡先：JPIC「漫画感想文コンクール」事務局

URL：https://www.manga-kansoubun.jp/

「宣伝会議賞中高生部門」グランプリなど5つの賞を独占

徹底的にリサーチ、研究してのぞんだ 国内最大級の広告コピーコンテスト

インタビュー

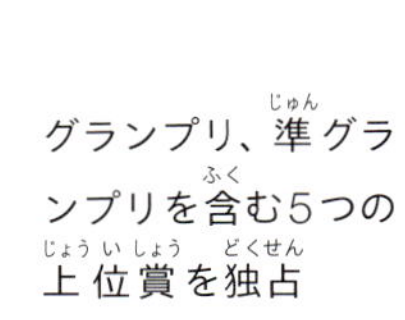

山本詩絵さん

私立富士見丘中学高等学校
中学１年（受賞時）
私立富士見丘中学高等学校　中学2年(現在)

グランプリ、準グランプリを含む5つの上位賞を独占

言葉のおもしろさと課題を理解することでキャッチコピーを創る

文章を読んだり、書いたりするのが大好きな山本さん。小学校４年生のときに国語の授業で「図書館の本のPOPを作ろう」という課題があり、言葉の力に興味を持ちました。５年生のときに「宣伝会議賞」を知り、中学生になってから応募をはじめました。このコンテストは、協賛企業から出されるテーマにそってキャッチコピーを書くものです。初めての挑戦で1050本を応募し、グランプリや準グランプリなど５つの賞を独占したのです。

キャッチコピーを書くとき、ひらめきを生むために徹底的に課題を研究しました。例えば「よつ葉乳業」のコピーを書くときには牛乳を買って飲み、「白い飲み物だな」と思ったことから「『のびしろ』の『しろ』って、牛乳のことだと思う。」という作品が生まれ、審査委員特別賞を受賞しました。「引越し」のコピーを書くときには、まわりの大人に手続きが面倒で困った経験を聞き、「引越しの一番の荷物は、個人情報です。」と書いてグランプリを受賞しました。

60年以上の歴史を持つ、コピーライターの登竜門

「宣伝会議賞」

月刊「宣伝会議」主催の宣伝会議賞は、広告表現のアイデアをキャッチフレーズまたはCM企画という形で公募。プロのコピーライターが審査し、優秀な作品は実際に広告に使われることがある。中高生にも、広告コピーを通じて、コトバの魅力やパワーを知ってもらいたいと願い、2016年からは中高生部門の公募もはじめた。

国語辞書や参考書を見ながら、使えそうな言葉をノートに書き出します。コピーの形になったら、PCに入力をして応募

山本さんの道のり

小4

国語の自主学習で「図書館の本のPOPを作ろう」という課題があり、キャッチコピーに出会う

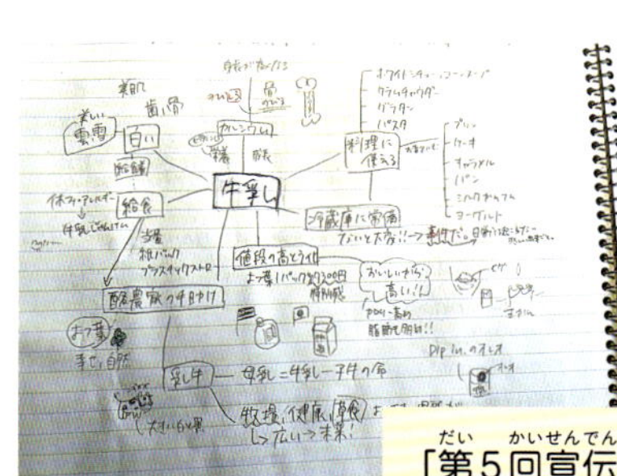

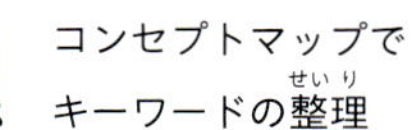

コンセプトマップでキーワードの整理

小5

「第5回宣伝会議賞」の中高生部門の課題に自主的に取り組み、『こども六法』やペットボトルリサイクルのキャッチフレーズを作る

「宣伝会議賞」グランプリ受賞

中1

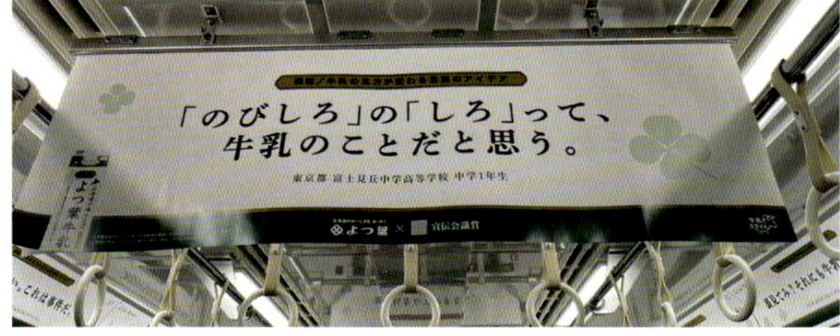

京急線のつり広告になった、山本さんのコピー

贈賞式後に5冠をお祝いした場所で。「夢のような1日でした」と話します。

中2

キャッチコピーの研究を進め、2024年の「宣伝会議賞」には1420本を応募

アイデアが降ってくるのは友だちとの会話中

賞に応募した1050本のコピーは通学電車の中で考え、帰宅して宿題が終わって思考が活性化されているタイミングでコピーに仕上げて、応募サイトに入力していきました。コピーの多くは先生や友だちとの会話から生まれたものでした。「言葉は、人から人に届けるものです。だから、どれだけ人と会って話すかが大事なのかな、と思います。それに知らなかったことをもっと知りたい！と思うことも多いですしね」とも。新しいコミュニティに飛びこめば、そこには新しい「人」がいて、新しいことを知ることができます。人と関わり合うことで自分自身の熱量もわかってくるなと感じる。それがコピーを作る上での原動力となっているようです。

未来へ

夢は、心理学を学んで広告の仕事に応用すること

受賞をきっかけにたくさんの企業の皆さんに会って、熱意を感じました。その熱意を応援するために広告は大切なものなのだと気づき、コピーライターという仕事もおもしろそうだと思うようになりました。大学では心理学を勉強したいと思っています。心理学を活用したデザイナーになって、人の心に訴える広告の作成や、買いたくなるパッケージのデザインをしてみたいです。CMにも興味があり、勉強をする中でキャッチコピーを使った言葉の力も伸ばしていけたらと思っています。日本だけでなく、世界の人にもメッセージを届けられるように、今は英語の勉強もがんばっています。

「Tech Kids Grand Prix」2023で優勝

インタビュー

キャッシュレスでお金のやり取りが可能なアプリ「いえPay」を開発

小川智也さん

豊中市立上野小学校6年（受賞時）

豊中市立第十中学校1年（現在）

Tech Kids Grand Prix
総合優勝のトロフィー

二次元バーコード決済で「おこづかいのもらいそこね」を解消！

小学生のためのプログラミングコンテスト「Tech Kids Grand Prix」で、優勝した小川さん。受賞したのは、WEBアプリを使ってキャッシュレスで金銭のやり取りができる「いえPay」。二次元バーコードで、金銭のやり取りが簡単に記録できるサービスを開発しました。

小川さんは「風呂そうじをすると50円」などと、家の手伝いをしておこづかいをもらっていたのですが、キャッシュレス化が進んだことで、親に小銭の持ち合わせがなく、後回しにされることがありました。その結果、もらいそこねることが増え、「二次元バーコード決済でおこづかいを送金してもらえたらいいな」と感じたことが、制作に取りかかるきっかけになったそうです。このアプリを使って、おこづかいをキャッシュレスに統一して、後でまとめて現金をもらうことにしました。これで、「小学生のおこづかいもらえなくなるかも危機」を解決。開発する中で「家族だけでなく、限られたメンバーの間でも使えるようにしよう」と視野を広げ、セキュリティや明細機能にまでこだわりました。将来は自分でアプリを開発できる会社を設立したいそうです。

東京・渋谷で開催された決勝大会でのプレゼンテーションの様子

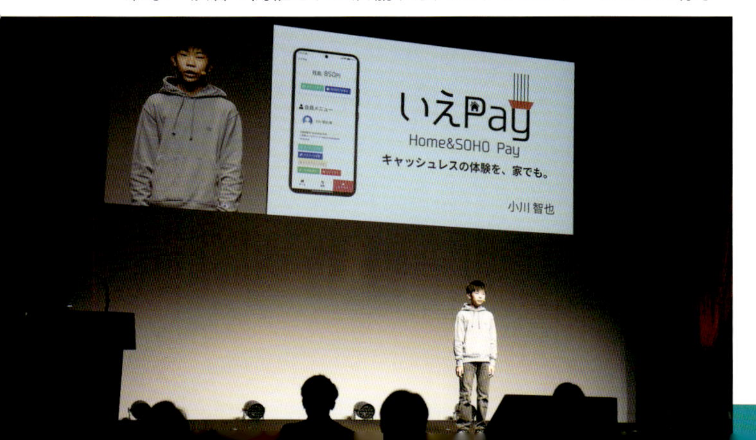

小学生のためのプログラミングコンテスト

「Tech Kids Grand Prix」

2018年より開催されている国内最大の小学生対象のプログラミングコンテスト。「21世紀を創るのは、君たちだ。」をスローガンにかかげて、作品を募集している。全国47都道府県を北海道東北、関東、中部、近畿、中四国、九州沖縄の6つのエリアに分け、代表を選出。ファイナリストが本戦決勝に進出する。

小川さんの道のり

2歳

パソコンでアルファベットのローマ字入力を両親から教わる

小1

プログラミングに興味を持ちはじめる。図書館でプログラミングの本を借りてきて、読みあさる

小3

プログラミング教室に通いはじめ、本格的にアプリの開発について学ぶ

小5

帰宅・外出を簡単に知らせることができるアプリを開発

小6

決勝に進出したファイナリスト10名のみがもらえる認定メダル

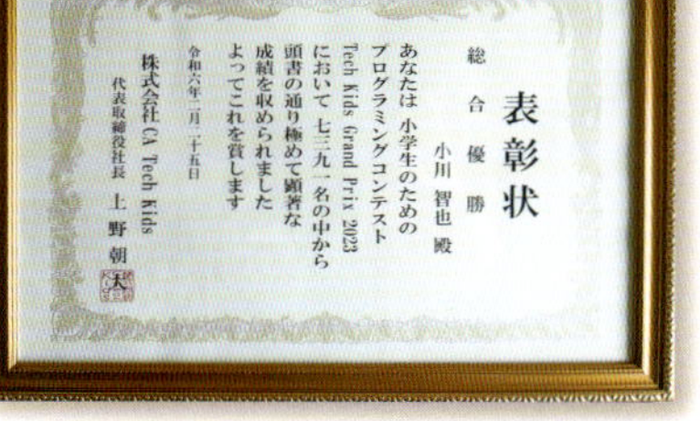

表彰状

総合優勝

小川 智也 殿

あなたは小学生のためのプログラミングコンテスト Tech Kids Grand Prix 2023において七三九一名の中から頭書の通り極めて顕著な成績を収められましたよってこれを賞します

令和六年二月二十五日

株式会社CA Tech Kids

代表取締役社長 上野朝大

「Tech Kids Grand Prix」2023優勝

中1

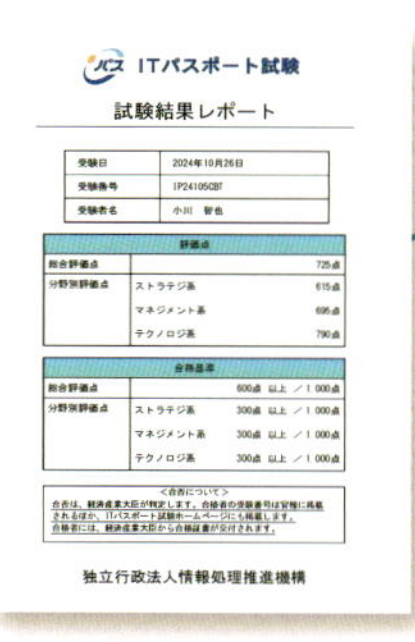

ITパスポート試験

試験結果レポート

受験日	2024年10月26日
受験番号	1P24105CBT
受験者名	小川 智也

評価点		
総合評価点		725点
分野別評価点	ストラテジ系	615点
	マネジメント系	695点
	テクノロジ系	790点

合格基準		
総合評価点		600点 以上 ／1,000点
分野別評価点	ストラテジ系	300点 以上 ／1,000点
	マネジメント系	300点 以上 ／1,000点
	テクノロジ系	300点 以上 ／1,000点

＜合否について＞
合否は、経済産業大臣が判定します。合格者の受験番号は官報に掲載されるほか、ITパスポート試験ホームページにも掲載します。
合格者には、経済産業大臣から合格証書が交付されます。

独立行政法人情報処理推進機構

総合的なＩＴ力を身につけた人だけが合格できる国家試験、「ＩＴパスポート試験」に合格

大事なのは失敗してもめげない粘り強さ

以前から決済アプリの開発にチャレンジしていた小川さん。失敗も多く、あきらめようと思ったこともあったそうです。特にバーコードを読み取るのが大変で、試行錯誤の連続だったようで、「エラーが出て調べても、解決策がわからないときは、本当に辛かったです。でも生成AIを使ってなんとか解決しました」。優勝でき、ほっとしたという小川さんは、これで満足せず、他の大会でも優勝を目指して頑張っていきたい、と意欲を語っていました。

未来へ

応募することで力がつく

プログラミングに限らず、いろいろな大会に応募してみるのはすごく良いことだと思います。応募するとなると、その内容だけではなく、それをいろいろな人に向けてわかりやすく説明するための表現力も身につきます。また大会によっては、自分が口頭で説明するので、発表する力もつくのです。将来どんな職種を選んだとしても使える能力だと思うので、みなさんも、ぜひ興味のあることを研究して、大会に応募してみてください。

日本から世界へ!
自作の鉄道模型とジオラマが大集結!

全国高等学校鉄道模型コンテスト

自ら設計・制作した鉄道模型を展示するコンテスト。他校の作品と接続することを前提としたモジュール部門、1畳の大きさで情景つきのレイアウトを作る1畳レイアウト部門、16番の車両工作を行うHO車輌部門の3部門で日本一を競います。

こぼれ話

最優秀賞はドイツへの招待も!

「鉄道模型部のような文科系のクラブにも、スポーツの大会や試合のような交流の場がほしい」という願いから、2011年に実行委員会が設立されました。はじめは、高校生のための鉄道模型の祭典でしたが、今では個人が参加できる部門や、小中学生も参加できるコンテストが加わりました。2024年の全国高等学校鉄道模型コンテストの最優秀賞受賞者は副賞としてドイツ・シュツットガルトヨーロピアンNスケールコンベンションへ招待されました。

こぼれ話

このトロフィーを飾ることで、同じ過ちをおこさないように!

2024年にこの賞を受賞したのはCrowdStrikeというサイバーセキュリティ企業。たったひとつの誤ったアップデートにより、850万台以上のMicrosoftベースのデバイスが世界中で停止し、世界中の企業に数百万ドルの損害を与えるという大規模障害を引きおこしました。受賞者は基本的に授賞式を欠席するのですが、CrowdStrikeのマイケル・セントナス社長は出席。「このトロフィーを社屋に飾り、同じ過ちをおかさないように意識づけをする」とコメントを発表しました。

最も壮大な失敗に贈られる賞

Pwnie Awards

サイバーセキュリティ分野において、最も重大な失敗に対して贈られる不名誉な賞。賞の名前は英語の「own」のハッカー用語である「Pwn(セキュリティを回避したり、サーバをコントロールしたりという意味)」からつけられています。

世界のおもしろい賞

創る人の感性や表現力、技術によって完成した作品は、唯一無二です。世界には、意外なテーマで表彰している賞や、あっと驚く斬新な作品が受賞している賞もあります。そんな賞のことを知って、世界の賞を身近に感じてみましょう。

味覚、芸術性、作業性の総合力で競う国際製菓コンクール

ル・モンディアル・デ・ザール・シュクレ

フランスの製菓材専門ブランド「DGF」が主催する、国別対抗の国際製菓コンクール。2年に一度開催され、16カ国からトップクラスのパティシエが集結。男女混合チームでの参加が必須で、テーマにそった7つの作品を20時間以内で作り上げます。

日本人チームが大活躍するお菓子の賞

この国際製菓コンクールで、日本チームは7大会連続で入賞しています。2022年にフランス・パリで開催された大会には、日本チームは「東京製菓学校」の谷藤拓さん、「グランドハイアット東京」の前野めぐみさんのペアで参加。見事、準優勝に輝きました。本大会では10時間×2日間の計20時間で7種の作品を製作。味覚、芸術性、作業性の総合力を審査されます。特に日本チームは、「味覚」と「作業性」に対して高く評価されました。

こぼれ話

受賞した日本の作品はカラスの巣！

日本人の受賞者であるネイチャーフォトグラファーの柏倉陽介さん。主な撮影テーマは自然と対峙する人間、環境保護などで、美しくもタフな自然風景を写真に収めてきました。彼の作品「カラスの巣」が「単一写真部門」の2位に入賞。都会の片すみにハンガーを重ねて作られた巣を撮影したもので、逆境をはねのけようとする「カラスの巣の美しさ」が作品として評価されました。

現代写真の才能を発掘

LensCultureArt Photography Awards

アート写真の世界的なコンテストで、創造的で表現力豊かな写真作品に贈られる賞。2024年の受賞作品は、ニューヨークで開催される「The Photography Show」の展示会に出展され、メディアで大きく取り上げられました。また、国際写真フェスティバルで展示され、賞金などが授与されます。

デジタルテクノロジーによる最高のアートを決める賞

Lumen Prize

イギリス・ロンドンで毎年開催されているアートのコンテスト。デジタルアートや新メディアアートに贈られる賞で、2000人を超える応募者の中から、優秀な作品が選ばれます。9つのカテゴリーの受賞者には、賞金が分配され、アーティストとして活躍する機会が与えられます。

こぼれ話

世界的な芸術賞では初めて！金賞はAI作品

第7回ルーメン賞で、金賞に選ばれたのは、実は人工知能AIの描いた作品だったということが話題になりました。世界的な芸術賞でAIによる作品がグランプリを獲得するのは初めて。賞の創設者であるカーラ・ラパポートさんは、「AIはアーティストにとって本当に素晴らしいツールになるだろう。それが芸術というものだ。毎年、ルーメン賞の受賞者はこれまでのアート界の壁をぶちこわしてきたが、今年は特にいい例」と評価しています。

あの偉人が取った！賞

モノづくりの世界にも、名作を残した偉人が存在します。有名なあの人も賞を受賞し、それを励みに活躍してきました。有名人が受賞した賞を見てみましょう。

iPhoneの生みの親で、携帯電話を普及させた実業家

スティーブ・ジョブズが取った アメリカ国家技術賞

米国の経済、環境、社会の福祉に貢献をした個人、チーム、企業、または企業の部門に贈られる賞で1980年に創設。1985年に最初の受賞者として選出されたのは、アメリカの実業家であり、Apple社の共同創設者であるスティーブ・ジョブズで、パーソナルコンピュータ（パソコン）を市場に普及させたことが評価されました。後にiPodとiTunes、iPhoneおよびiPadを世に送り出し、音楽業界や人々のくらし、経済に大きな影響を与えています。

世界的に活躍したファッションデザイナー

森 英恵が取った レジオンド・ヌール勲章

ナポレオン・ボナパルトによって創設された勲章で、フランス政府から授与されます。文化や創作活動などの分野で「卓越した功績」を残した人に与えられるものです。2002年に受章した森 英恵さんは、世界で活躍したファッションデザイナー。東洋人で唯一、パリのオートクチュール組合にも属しており、数多くのファッションショーを開催して「美の大使」とも呼ばれました。ウェディングドレスなどの他に、映画・舞台のステージ衣装や、中高生の制服なども手がけています。日本の伝統美と西洋の感性を融合させて独自の美を創り上げた功績が評価され、日本でもファッション界で初となる文化勲章が授与されました。

鮮やかな色合いで描く絵本の魔術師

エリック・カールが取った児童文学遺産賞

アメリカ図書館協会の児童サービス部会により選考され、長きにわたり影響力を与えている児童文学の作者に贈られる賞です。2003年に受賞したエリック・カールは、アメリカの絵本作家。彼は代表作『はらぺこあおむし』で、この賞を受賞。『はらぺこあおむし』は70以上の言語に翻訳され、出版部数は5500万部以上。しかけ絵本として世界中で多くの子どもたちに愛されています。

麻婆豆腐が評判の中華の鉄人

陳 建一が受けた卓越した技能者の表彰

毎年、日本の厚生労働大臣が、極めて優れた技能を有する現役の卓越した技能者を選出し、表彰するもの。受賞した人は「現代の名工」としてたたえられます。中華料理の研究家でもある陳 建一さんもその一人で、2008年に受賞。陳さんは四川飯店グループのオーナーシェフとして、全国的な知名度の料理人となり、生前はテレビ番組にも出演しました。

日本を代表する世界的映画監督

宮﨑 駿監督が2度取ったアカデミー賞長編アニメーション賞

その年アメリカで上映された長編アニメーションの中で最も優れた作品に与えられる賞で、日本の作品で初めて受賞したのは、2003年の宮﨑 駿監督の『千と千尋の神隠し』。宮﨑 駿監督は、『となりのトトロ』『魔女の宅急便』『もののけ姫』など、ヒット作品を次々と手がけた日本の映画監督・アニメーター・漫画家で、2014年には日本人で二人目となるアカデミー賞名誉賞を、2024年には『君たちはどう生きるか』で2度目のアカデミー賞長編アニメーション賞を獲得しています。

STAFF

編集・制作 ● conté 高作真紀・平間美江
執筆協力 ● 山田幸子
イラスト ● 真崎なこ
デザイン ● 大悟法淳一、永瀬優子、
武田理沙（ごぼうデザイン事務所）

協力

株式会社小学館
株式会社宣伝会議
株式会社CA Tech Kids

好き(す)からはじまる！ 未来(みらい)につながる「世界(せかい)の賞(しょう)」

② モノづくりに夢中(むちゅう)なきみへ

2025年3月　初版第1刷発行

著　「世界の賞」取材班
発行者　三谷 光
発行所　株式会社 汐文社
〒102-0071　東京都千代田区富士見1-6-1
TEL 03-6862-5200　FAX 03-6862-5202
https://www.choubunsha.com
印　刷　新星社西川印刷株式会社
製　本　東京美術紙工協業組合

ISBN　978-4-8113-3195-9　NDC371
乱丁・落丁本はお取り替えいたします。
ご意見・ご感想はread@choubunsha.comまでお寄せください。